Le chouette bol d'air
et autres histoires du Petit Nicolas

René Goscinny
Jean-Jacques Sempé

Le chouette bol d'air

et autres histoires du Petit Nicolas

Textes choisis et annotés
par
Catherine Bernot

Ernst Klett Sprachen
Stuttgart

René Goscinny
Jean-Jacques Sempé

Le chouette bol d'air

et autres histoires du Petit Nicolas

Le Petit Nicolas, les personnages, les aventures et les éléments caractéristiques de l'univers du Petit Nicolas sont une création de René Goscinny et Jean-Jacques Sempé.

1. Auflage 1 5 4 3 2 1 | 2014 13 12 11 10

Internetadresse: www.klett.de / www.lektueren.com
Redaktion: Sylvie Cloeren
Layoutkonzeption: Elmar Feuerbach
Zeichnungen S. 12–13: © 2004 IMAV éditions / Goscinny – Sempé
Alle andere Zeichnungen: © Éditions Denoël
Bilder: © 2004 IMAV éditions / Goscinny – Sempé
Gestaltung und Satz: Dörr + Schiller GmbH, Stuttgart
Umschlaggestaltung: Elmar Feuerbach
Coverzeichnung: Sempé
Druck und Bindung: Medienhaus Plump GmbH, Rolandsecker Weg 33, 53619 Rheinbreitbach
Printed in Germany

ISBN 978-3-12-591461-2

9 783125 914612

Table des matières

Introduction 7

Pour comprendre le vocabulaire 8

Le vocabulaire du Petit Nicolas 10

La galerie des personnages 12

Le chouette bol d'air 14

Les crayons de couleur 22

La pluie 28

Les athlètes 38

Il faut être raisonnable 45

Le départ 50

Jeu de nuit 60

Souvenirs de vacances 68

Votre compte rendu de lecture 75

Goscinny et Sempé :
Biographies et bibliographies 77

Avant la lecture 87

Pendant la lecture 89

Après la lecture 93

Le gérondif 94

Liste des abréviations 96

Introduction

Les aventures présentées dans ce petit livre sont extraites des volumes *Le petit Nicolas et les copains* (1963) et *Les vacances du petit Nicolas* (1962).

Les quatre histoires *Le chouette bol d'air, Les crayons de couleur, La pluie* et *Les athlètes* peuvent être lues dans n'importe quel ordre, elles sont indépendantes les unes des autres.

Il faut être raisonnable, Le départ, Jeu de nuit et *Souvenirs de vacances* doivent être lues dans l'ordre : elles se suivent et forment une petite histoire.

Comment préparer votre lecture ?

- Regardez la galerie des personnages, pages 12 et 13. Vous pourrez alors vous familiariser avec Nicolas, ses copains, sa famille et son entourage.
- Lisez le vocabulaire du Petit Nicolas, pages 10 et 11. Ces mots et expressions sont marqués d'une étoile * dans le texte.
- Lisez les conseils pages 8 et 9 pour comprendre plus facilement le vocabulaire.
- Quand vous avez lu un chapitre, notez les éléments importants de l'histoire. Vous trouverez des informations sur le compte rendu de lecture pages 75 et 76.

Pour comprendre le vocabulaire

Si vous avez envie de lire un texte avec plaisir, lisez attentivement les lignes suivantes.

1. La famille du mot

Pour trouver le sens d'un mot, essayez de déterminer sa *famille,* c'est-à-dire sa racine.

faire le comptable (p. 15, l. 3)	de la famille du mot « comptabilité » ; « faire le comptable », c'est faire la comptabilité dans une entreprise.
punition (p. 18, l. 11)	de la famille du mot « punir »; « la punition », c'est l'action qui consiste à punir quelqu'un.

Vous pouvez aussi reconnaître le préfixe (Vorsilbe) *re-* qui veut dire *encore une fois :*

on en reparlera (p. 17, l. 11)	parler de quelque chose encore une fois
Corentin a repris la revue (p. 20, l. 12)	prendre la revue encore une fois
remettre les crayons dans la boîte (p. 24, l. 12)	mettre les crayons encore une fois dans la boîte

2. Mots identiques en allemand, en anglais

Vous pouvez parfois deviner le sens de mots français à partir de mots allemands ou anglais que vous connaissez :

l'allée (p. 20, l. 24)	die Allee
endommager (p. 21, l. 4)	damage (beschädigen)
démolie, démolir (p. 28, l. 25)	demolieren
impatient (p. 51, l. 3)	impatient (ungeduldig)

3. Le contexte

Enfin, lisez bien les mots placés avant et après le mot recherché. Cherchez le thème de la phrase ou du paragraphe :

- « démarrer » (p. 21, l. 19) : Les parents de Nicolas rentrent chez eux, les Bongrain les accompagnent et « *juste quand Papa allait démarrer...* » Qu'est-ce que peut bien faire le père de Nicolas ? Il part en voiture... « Démarrer » signifie donc mettre en marche le moteur de la voiture pour partir.

Le vocabulaire du Petit Nicolas

Alceste	[alsɛst]
Eudes	[œd]
Geoffroy	[ʒofʀwa]
Marie-Edwige	[maʀiɛdviʒ]
Joachim	[ʒoakim]
Rufus	[ʀyfys]
Maixent	[mɛksɑ̃]
le **chouchou**	le préféré (*parfois :* enfant gâté / trop aimé)
chouette	bon, beau, bien
terrible / formidable	très bon, très beau, très bien, super
drôlement	très, beaucoup (*parfois :* absolument)
comme tout	très
un / des tas de	beaucoup de
rigoler	rire
rigolo, rigolote	amusant, drôle
faire le guignol [giɲol] / **faire le singe / faire le pitre**	faire le clown
une **blague**	une histoire qui n'est pas vraie
non mais sans blague ! / et puis sans blague !	das gibt's doch wohl nicht!
une **claque /** une **gifle /** une **baffe** *fam*	un coup sur la figure donné avec la main
un **imbécile /** un **crétin**	un idiot

la **maîtresse**	Lehrerin
la **figure**	le visage
des **lunettes** *fpl*	Brille
donner un coup de	hauen
le **poing** [pwɛ̃]	la main fermée
le **nez**	Nase
sale	≠ propre (sauber)
se salir	se rendre sale
gronder	ausschimpfen
se fâcher	se mettre en colère
un **soupir**	Seufzer
pousser un soupir / **faire un soupir** *fam* / **soupirer**	seufzen
retourner chez sa mère	habiter à nouveau chez sa mère
une **miette**	un tout petit morceau (de pain, de gâteau, etc.)
un **crayon**	Bleistift
un **crayon de couleur**	Farbstift
sage	calme et discipliné
obéir à qn	faire ce que dit qn
la **récré** *fam*	la récréation (Pause)
un **terrain vague**	un terrain non construit
bousculer qn	pousser qn brutalement
un **fauteuil**	Sessel
le **salon**	Wohnzimmer
une **bille** [bij]	Murmel
un **sifflet à roulettes**	Trillerpfeife
taquiner qn	jdn hänseln
le **Bouillon**	Brühe
un **surveillant**	Aufsicht

La galerie des personnages

Nicolas
« C'est chouette ! »

Alceste
« C'est mon meilleur copain, un gros qui mange tout le temps. »

Eudes
« Il est très fort et il aime bien donner des coups de poing sur le nez des copains. »

Geoffroy
« Il a un papa très riche qui lui achète tout ce qu'il veut. »

Agnan
« C'est le premier de la classe et le chouchou de la maîtresse, nous on ne l'aime pas trop. »

Marie-Edwige
« Marie-Edwige est très chouette, je crois que l'on va se marier plus tard. »

Joachim
« Il aime beaucoup jouer aux billes. Et il faut dire qu'il joue très bien ; quand il tire, bing ! il ne rate presque jamais. »

Rufus
« Il a un sifflet à roulettes et son papa est policier. »

Clotaire
« C'est le dernier de la classe. Quand la maîtresse l'interroge, il est toujours privé de récré. »

Maman

« Moi, j'aime assez rester à la maison, quand il pleut et qu'il y a du monde, parce que maman prépare des tas de choses chouettes pour le goûter. »

Papa

« Papa, il sort plus tard de son bureau que moi de l'école, mais il n'a pas de devoirs. »

Mémé

« Elle est gentille mémé, elle me donne des tas de choses et tout ce que je dis la fait rire beaucoup. »

M. Blédurt

« C'est notre voisin, il aime bien taquiner papa. »

La maîtresse

« La maîtresse, elle est si gentille et si jolie quand nous ne faisons pas trop les guignols ! »

Le Bouillon

« C'est notre surveillant, on l'appelle comme ça parce qu'il dit tout le temps : « Regardez-moi bien dans les yeux », et dans le bouillon, il y a des yeux. C'est les grands qui ont trouvé ça. »

SAM
SUFFI

Le chouette* bol d'air

Nous sommes invités à passer le dimanche dans la nouvelle maison de campagne de M. Bongrain. M. Bongrain fait le comptable dans le bureau où travaille Papa, et il paraît qu'il a un petit garçon qui 5 a mon âge, qui est très gentil et qui s'appelle Corentin.

Moi, j'étais bien content parce que j'aime beaucoup aller à la campagne et Papa nous a expliqué que ça ne faisait pas longtemps que M. 10 Bongrain avait acheté sa maison, et qu'il lui avait dit que ce n'était pas loin de la ville. M. Bongrain avait donné tous les détails à Papa par téléphone, et Papa a inscrit sur un papier et il paraît que c'est très facile d'y aller. C'est tout droit, on tourne à 15 gauche au premier feu rouge, on passe sous le pont de chemin de fer, ensuite c'est encore tout droit jusqu'au carrefour, où il faut prendre à gauche, et puis encore à gauche jusqu'à une grande ferme blanche, et puis on tourne à droite par une petite 20 route en terre, et là c'est tout droit et à gauche après la station-service.

0 **un bol d'air** *fam* frische Luft – 17 **un carrefour** un endroit où plusieurs routes se croisent

On est partis, Papa, Maman et moi, assez tôt le matin dans la voiture, et Papa chantait, et puis il s'est arrêté de chanter à cause de toutes les autres voitures qu'il y avait sur la route. On ne pouvait pas 5 avancer. Et puis Papa a raté le feu rouge où il devait tourner, mais il a dit que ce n'était pas grave, qu'il rattraperait son chemin au carrefour suivant. Mais au carrefour suivant, ils faisaient des tas* de travaux et ils avaient mis une pancarte où c'était écrit : 10 « Détour » ; et nous nous sommes perdus ; et Papa a crié après Maman en lui disant qu'elle lui lisait mal les indications qu'il y avait sur le papier ; et Papa a demandé son chemin à des tas* de gens qui ne savaient pas ; et nous sommes arrivés chez M. 15 Bongrain presque à l'heure du déjeuner, et nous avons cessé de nous disputer.

M. Bongrain est venu nous recevoir à la porte de son jardin.

– Eh bien, il a dit M. Bongrain. On les voit les 20 citadins ! Incapables de se lever de bonne heure, hein ?

Alors, Papa lui a dit que nous nous étions perdus, et M. Bongrain a eu l'air tout étonné.

– Comment as-tu fait ton compte ? il a demandé. 25 C'est tout droit !

Et il nous a fait entrer dans la maison.

Elle est chouette*, la maison de M. Bongrain ! Pas très grande, mais chouette*.

– Attendez, a dit M. Bongrain, je vais appeler ma 30 femme. Et il a crié : « Claire ! Claire ! Nos amis sont là ! »

Et Mme Bongrain est arrivée, elle avait des yeux tout rouges, elle toussait, elle portait un tablier plein de taches noires et elle nous a dit :

16 **cesser** arrêter – 20 **de bonne heure** tôt – 24 **Comment as-tu fait ton compte ?** Comment t'es-tu débrouillé ? – 33 **tousser** husten – 33 **un tablier** *ici :* un vêtement qu'on porte à la cuisine – 34 **une tache** Fleck

– Je ne vous donne pas la main, je suis noire de charbon ! Depuis ce matin, je m'escrime à faire marcher cette cuisinière sans y réussir !

M. Bongrain s'est mis à rigoler*.

– Évidemment, il a dit, c'est un peu rustique, mais c'est ça, la vie à la campagne ! On ne peut pas avoir une cuisinière électrique, comme dans l'appartement.

– Et pourquoi pas ? a demandé Mme Bongrain.

– Dans vingt ans, quand j'aurai fini de payer la maison, on en reparlera, a dit M. Bongrain. Et il s'est mis à rigoler* de nouveau.

Mme Bongrain n'a pas rigolé* et elle est partie en disant :

– Je m'excuse, il faut que je m'occupe du déjeuner. Je crois qu'il sera très rustique, lui aussi.

2 **le charbon** Kohle – 2 **s'escrimer à faire qc** essayer de faire qc de difficile

– Et Corentin, a demandé Papa, il n'est pas là ?

– Mais oui, il est là, a répondu M. Bongrain ; mais ce petit crétin* est puni, dans sa chambre. Tu ne sais pas ce qu'il a fait, ce matin, en se levant ? Je te le donne en mille : il est monté sur un arbre pour cueillir des prunes ! Tu te rends compte ? Chacun de ces arbres m'a coûté une fortune, ce n'est tout de même pas pour que le gosse s'amuse à casser les branches, non ?

Et puis M. Bongrain a dit que puisque j'étais là, il allait lever la punition, parce qu'il était sûr que

4 **en se levant** quand il s'est levé – 5 **je te le donne en mille** je te laisse chercher (mais tu ne trouveras pas) – 6 **une prune** Pflaume – 7 **coûter une fortune** coûter très cher – 8 **un gosse** *fam* un enfant

j'étais un petit garçon sage* qui ne s'amuserait pas à saccager le jardin et le potager.

Corentin est venu, il a dit bonjour à Maman, à Papa et on s'est donné la main. Il a l'air assez 5 chouette*, pas aussi chouette que les copains de l'école, bien sûr, mais il faut dire que les copains de l'école, eux, ils sont terribles*.

– On va jouer dans le jardin ? j'ai demandé.

Corentin a regardé son papa, et son papa a dit :

10 – J'aimerais mieux pas, les enfants. On va bientôt manger et je ne voudrais pas que vous ameniez de la boue dans la maison. Maman a eu bien du mal à faire le ménage, ce matin.

Alors, Corentin et moi on s'est assis, et pendant 15 que les grands prenaient l'apéritif, nous, on a regardé une revue que j'avais déjà lue à la maison. Et on l'a lue plusieurs fois la revue, parce que Mme Bongrain, qui n'a pas pris l'apéritif avec les autres, était en retard pour le déjeuner. Et puis Mme 20 Bongrain est arrivée, elle a enlevé son tablier et elle a dit :

– Tant pis... À table !

M. Bongrain était tout fier pour le hors-d'œuvre, parce qu'il nous a expliqué que les tomates venaient 25 de son potager, et Papa a rigolé* et il a dit qu'elles étaient venues un peu trop tôt, les tomates, parce qu'elles étaient encore toutes vertes.

M. Bongrain a répondu que peut-être, en effet, elles n'étaient pas encore tout à fait mûres, mais 30 qu'elles avaient un autre goût que celles que l'on trouve sur le marché. Moi, ce que j'ai bien aimé, c'est les sardines.

2 **saccager** détruire – 2 **un potager** un jardin où poussent des légumes – 12 **la boue** Schlamm – 13 **faire le ménage** s'occuper de la maison pour qu'elle soit propre – 22 **tant pis** ça ne fait rien – 29 **mûr, mûre** bon à manger

Et puis Mme Bongrain a apporté le rôti, qui était rigolo*, parce que dehors, il était tout noir, mais dedans, c'était comme s'il n'était pas cuit du tout.

– Moi, je n'en veux pas, a dit Corentin. Je n'aime
5 pas la viande crue !

M. Bongrain lui a fait les gros yeux et il lui a dit de finir ses tomates en vitesse et de manger sa viande comme tout le monde, s'il ne voulait pas être puni.

Ce qui n'était pas trop réussi, c'était les pommes
10 de terre du rôti ; elles étaient un peu dures.

Après le déjeuner, on s'est assis dans le salon. Corentin a repris la revue et Mme Bongrain a expliqué à Maman qu'elle avait une bonne en ville, mais que la bonne ne voulait pas venir travailler à
15 la campagne, le dimanche. M. Bongrain expliquait à Papa combien ça lui avait coûté, la maison, et qu'il avait fait une affaire formidable*. Moi, tout ça ça ne m'intéressait pas, alors j'ai demandé à Corentin si on ne pouvait pas aller jouer dehors où
20 il y avait plein de soleil. Corentin a regardé son papa, et M. Bongrain a dit :

– Mais, bien sûr, les enfants. Ce que je vous demande, c'est de ne pas jouer sur les pelouses, mais sur les allées. Amusez-vous bien, et soyez
25 sages*.

Corentin et moi nous sommes sortis, et Corentin m'a dit qu'on allait jouer à la pétanque. J'aime bien la pétanque et je suis terrible* pour pointer. On a joué dans l'allée ; il y en avait une seule et pas très
30 large ; et je dois dire que Corentin, il se défend drôlement*.

– Fais attention, m'a dit Corentin ; si une boule va sur la pelouse, on pourrait pas la ravoir !

Et puis Corentin a tiré, et bing ! sa boule a raté la
35 mienne et elle est allée sur l'herbe. La fenêtre de la

5 **cru, crue** qui n'est pas cuit – 13 **une bonne** une personne qui aide à faire le ménage – 23 **une pelouse** un terrain couvert d'herbe

maison s'est ouverte tout de suite et M. Bongrain a sorti une tête rouge et pas contente.

– Corentin ! il a crié. Je t'ai dit plusieurs fois de faire attention et de ne pas endommager cette pelouse ! Ça fait des semaines que le jardinier y travaille ! Dès que tu es à la campagne, tu deviens intenable ! Allez ! dans ta chambre jusqu'à ce soir !

Corentin s'est mis à pleurer et il est parti ; alors, je suis rentré dans la maison.

Mais nous ne sommes plus restés très longtemps, parce que Papa a dit qu'il préférait partir de bonne heure pour éviter les embouteillages. M. Bongrain a dit que c'était sage, en effet, qu'ils n'allaient pas tarder à rentrer eux-mêmes, dès que Mme Bongrain aurait fini de faire le ménage.

M. et Mme Bongrain nous ont accompagnés jusqu'à la voiture ; Papa et Maman leur ont dit qu'ils avaient passé une journée qu'ils n'oublieraient pas, et juste quand Papa allait démarrer, M. Bongrain s'est approché de la portière pour lui parler.

– Pourquoi n'achètes-tu pas une maison de campagne, comme moi ? a dit M. Bongrain. Bien sûr, personnellement, j'aurais pu m'en passer ; mais il ne faut pas être égoïste, mon vieux ! Pour la femme et le gosse, tu ne peux pas savoir le bien que ça leur fait, cette détente et ce bol d'air, tous les dimanches !

7 **intenable** très difficile – 24 **se passer de qc** ≠ avoir besoin de qc

Les crayons de couleur*

Ce matin, avant que je parte pour l'école, le facteur a apporté un paquet pour moi, un cadeau de mémé. Il est chouette*, le facteur !

Papa, qui était en train de prendre son café au lait, 5 a dit : « Aïe, aïe, aïe, des catastrophes en perspective ! » et Maman, ça ne lui a pas plu que Papa dise ça, et elle s'est mise à crier que chaque fois que sa maman, ma mémé, faisait quelque chose, Papa trouvait à redire, et Papa a dit qu'il 10 voulait prendre son café au lait tranquille, et Maman lui a dit que, oh ! bien sûr, elle était juste bonne à préparer le café au lait et à faire le ménage, et Papa a dit qu'il n'avait jamais dit ça, mais que ce n'était pas trop demander que de vouloir un peu la 15 paix à la maison, lui qui travaillait durement pour que Maman ait de quoi préparer le café au lait. Et pendant que Papa et Maman parlaient, moi j'ai ouvert le paquet, et c'était terrible* : c'était une boîte de crayons de couleur* ! J'étais tellement 20 content que je me suis mis à courir, à sauter et à

9 **trouver à redire** faire des critiques

danser dans la salle à manger avec ma boîte, et tous les crayons* sont tombés.

– Ça commence bien ! a dit Papa.

– Je ne comprends pas ton attitude, a dit Maman.
5 Et puis, d'abord, je ne vois pas quelles sont les catastrophes que peuvent provoquer ces crayons de couleur* ! Non, vraiment je ne vois pas !

– Tu verras, a dit Papa.

Et il est parti à son bureau. Maman m'a dit de
10 ramasser mes crayons de couleur* parce que j'allais être en retard pour l'école. Alors, moi, je me suis dépêché de remettre les crayons* dans la boîte et j'ai demandé à Maman si je pouvais les emmener à l'école. Maman m'a dit que oui, et elle m'a dit de
15 faire attention et de ne pas avoir d'histoires avec mes crayons de couleur*. J'ai promis, j'ai mis la boîte dans mon cartable et je suis parti. Je ne comprends pas Maman et Papa ; chaque fois que je reçois un cadeau, ils sont sûrs que je vais faire des
20 bêtises.

Je suis arrivé à l'école juste quand la cloche sonnait pour entrer en classe. Moi, j'étais tout fier de ma boîte de crayons de couleur* et j'étais impatient de la montrer aux copains. C'est vrai, à

13 **emmener** *ici :* emporter *(on dit emporter pour les choses et emmener pour les personnes, il faut excuser Nicolas)* – 17 **un cartable** un sac d'écolier

l'école, c'est toujours Geoffroy qui apporte des choses que lui achète son papa, qui est très riche, et là, j'étais bien content de lui montrer, à Geoffroy, qu'il n'y avait pas que lui qui avait des chouettes* cadeaux, c'est vrai, quoi, à la fin, sans blague*…

En classe, la maîtresse* a appelé Clotaire au tableau et, pendant qu'elle l'interrogeait, j'ai montré ma boîte à Alceste, qui est assis à côté de moi.

– C'est rien chouette*, m'a dit Alceste.

– C'est ma mémé qui me les a envoyés, j'ai expliqué.

– Qu'est-ce que c'est ? a demandé Joachim.

Et Alceste a passé la boîte à Joachim, qui l'a passée à Maixent, qui l'a passée à Eudes, qui l'a passée à Rufus, qui l'a passée à Geoffroy, qui a fait une drôle de tête.

Mais comme ils étaient tous là à ouvrir la boîte et à sortir les crayons* pour les regarder et pour les essayer, moi j'ai eu peur que la maîtresse* les voie et se mette à confisquer les crayons*. Alors, je me suis mis à faire des gestes à Geoffroy pour qu'il me rende la boîte, et la maîtresse* a crié :

– Nicolas ! Qu'est-ce que vous avez à remuer et à faire le pitre* ?

10 **c'est rien chouette** *fam* c'est très chouette

Elle m'a fait drôlement* peur, la maîtresse*, et je me suis mis à pleurer, et je lui ai expliqué que j'avais une boîte de crayons de couleur* que m'avait envoyée ma mémé, et que je voulais que les autres
5 me la rendent. La maîtresse* m'a regardé avec des gros yeux, elle a fait un soupir* et elle a dit :

– Bien. Que celui qui a la boîte de Nicolas la lui rende.

Geoffroy s'est levé et m'a rendu la boîte. Et moi,
10 j'ai regardé dedans, et il manquait des tas* de crayons*.

– Qu'est-ce qu'il y a encore ? m'a demandé la maîtresse*.

– Il manque des crayons*, je lui ai expliqué.

15 – Que celui qui a les crayons* de Nicolas les lui rende, a dit la maîtresse*.

Alors, tous les copains se sont levés pour venir m'apporter les crayons*. La maîtresse* s'est mise à taper sur son bureau avec sa règle et elle nous a
20 donné des punitions à tous ; nous devons conjuguer

19 **une règle** un instrument qu'on emploie pour tirer des traits

le verbe : « Je ne dois pas prendre prétexte des crayons de couleur* pour interrompre le cours et semer le désordre dans la classe. » Le seul qui n'a pas été puni, à part Agnan qui est le chouchou* de la maîtresse* et qui était absent parce qu'il a les oreillons, c'est Clotaire, qui était interrogé au tableau. Lui, il a été privé de récré*, comme d'habitude chaque fois qu'il est interrogé.

Quand la récré* a sonné, j'ai emmené ma boîte de crayons de couleur* avec moi, pour pouvoir en parler avec les copains, sans risquer d'avoir des punitions. Mais dans la cour, quand j'ai ouvert la boîte, j'ai vu qu'il manquait le crayon* jaune.

– Il me manque le jaune ! j'ai crié. Qu'on me rende le jaune !

– Tu commences à nous embêter, avec tes crayons*, a dit Geoffroy. À cause de toi, on a été punis !

Alors, là, je me suis mis drôlement* en colère.

– Si vous n'aviez pas fait les guignols*, il ne serait rien arrivé, j'ai dit. Ce qu'il y a, c'est que vous êtes tous des jaloux ! Et si je ne retrouve pas le voleur, je me plaindrai !

– C'est Eudes qui a le jaune, a crié Rufus, il est tout rouge !... Eh ! vous avez entendu, les gars ? J'ai fait une blague : j'ai dit qu'Eudes avait volé le jaune parce qu'il était tout rouge !

Et tous se sont mis à rigoler*, et moi aussi, parce qu'elle était bonne celle-là, et je la raconterai à Papa. Le seul qui n'a pas rigolé*, c'est Eudes, qui est allé vers Rufus et qui lui a donné un coup de poing sur le nez*.

1 **prendre prétexte** zum Anlass nehmen – 6 **les oreillons** [ɔrɛjɔ̃] *mpl* Mumps – 7 **priver qn de récré** *fam* défendre à qn d'aller en recréation

– Alors, c'est qui le voleur ? a demandé Eudes, et il a donné un coup de poing sur le nez* de Geoffroy.

– Mais je n'ai rien dit, moi ! a crié Geoffroy, qui n'aime pas recevoir des coups de poing sur le nez*, 5 surtout quand c'est Eudes qui les donne.

Moi, ça m'a fait rigoler*, le coup de Geoffroy qui recevait un coup de poing sur le nez* quand il ne s'y attendait pas ! Et Geoffroy a couru vers moi, et il m'a donné une claque*, en traître, et ma boîte de 10 crayons de couleur* est tombée et nous nous sommes battus. Le Bouillon – c'est notre surveillant – il est arrivé en courant, il nous a séparés, il nous a traités de bande de petits sauvages, il a dit qu'il ne voulait même pas savoir de quoi il s'agissait et il 15 nous a donné cent lignes à chacun.

– Moi, j'ai rien à voir là-dedans, a dit Alceste, j'étais en train de manger ma tartine.

– Moi non plus, a dit Joachim, j'étais en train de demander à Alceste de m'en donner un bout.

20 – Tu peux toujours courir ! a dit Alceste.

Alors, Joachim a donné une baffe* à Alceste, et le Bouillon leur a donné deux cents lignes à chacun.

Quand je suis revenu à la maison pour déjeuner, j'étais pas content du tout ; ma boîte de crayons de 25 couleur* était démolie, il y avait des crayons* cassés et il me manquait toujours le jaune. Et je me suis

9 **un traître** Verräter – 13 **traiter qn de qc** dire que qn est qc – 15 **donner cent lignes** donner cent lignes à copier en punition – 17 **une tartine** un morceau de pain avec du beurre – 20 **Tu peux toujours courir !** Tu peux attendre longtemps !

mis à pleurer dans la salle à manger, en expliquant à Maman le coup des punitions. Et puis Papa est entré, et il a dit :

– Allons, je vois que je ne m'étais pas trompé, il y a eu des catastrophes avec ces crayons de couleur* !

– Il ne faut rien exagérer, a dit Maman.

Et puis on a entendu un grand bruit : c'était Papa qui venait de tomber en mettant le pied sur mon crayon* jaune, qui était devant la porte de la salle à manger.

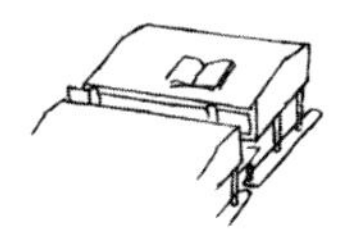

La pluie

Moi, j'aime bien la pluie quand elle est très, très forte, parce que alors je ne vais pas à l'école et je reste à la maison et je joue au train électrique. Mais aujourd'hui, il ne pleuvait pas assez et j'ai dû aller
5 en classe.

Mais vous savez, avec la pluie, on rigole* quand même ; on s'amuse à lever la tête et à ouvrir la bouche pour avaler des gouttes d'eau, on marche dans les flaques et on y donne des grands coups de
10 pied pour éclabousser les copains, on s'amuse à passer sous les gouttières, et ça fait froid comme tout* quand l'eau vous rentre dans le col de la chemise, parce que, bien sûr, ça ne vaut pas de passer sous les gouttières avec l'imperméable
15 boutonné jusqu'au cou. Ce qui est embêtant, c'est que pour la récré*, on ne nous laisse pas descendre dans la cour pour qu'on ne se mouille pas.

En classe, la lumière était allumée, et ça faisait drôle, et une chose que j'aime bien, c'est de
20 regarder sur les fenêtres les gouttes d'eau qui font la course pour arriver jusqu'en bas. On dirait des rivières. Et puis la cloche a sonné, et la maîtresse*

11 **une gouttière** Dachrinne – 14 **un imperméable** [ɛ̃pɛrmeabl] un manteau qu'on porte quand il pleut – 17 **se mouiller** [muje] nass werden

nous a dit : « Bon, c'est la récréation ; vous pouvez parler entre vous, mais soyez sages*. »

Alors, on a tous commencé à parler à la fois, et ça faisait un drôle de bruit ; il fallait crier fort pour se
5 faire écouter et la maîtresse* a fait un soupir*, elle s'est levée et elle est sortie dans le couloir, en laissant la porte ouverte, et elle s'est mise à parler avec les autres maîtresses*, qui ne sont pas aussi chouettes* que la nôtre, et c'est pour ça qu'on
10 essaie de ne pas trop la faire enrager.

– Allez, a dit Eudes. On joue à la balle au chasseur ?

– T'es pas un peu fou ? a dit Rufus. Ça va faire des histoires avec la maîtresse*, et puis c'est sûr, on va
15 casser une vitre !

– Ben, a dit Joachim, on n'a qu'à ouvrir les fenêtres !

Ça, c'était une drôlement* bonne idée, et nous sommes tous allés ouvrir les fenêtres, sauf Agnan
20 qui repassait sa leçon d'histoire en la lisant tout haut, les mains sur les oreilles. Il est fou, Agnan ! Et puis, on a ouvert la fenêtre ; c'était chouette* parce que le vent soufflait vers la classe et on s'est amusés à recevoir l'eau sur la figure*, et puis on a entendu
25 un grand cri : c'était la maîtresse* qui venait d'entrer.

– Mais vous êtes fous ! elle a crié, la maîtresse*. Voulez-vous fermer ces fenêtres tout de suite !

– C'est à cause de la balle au chasseur,
30 mademoiselle, a expliqué Joachim.

10 **faire enrager qn** embêter, énerver qn – 20 **repasser qc** *ici :* relire qc pour l'apprendre

Alors, la maîtresse* nous a dit qu'il n'était pas question que nous jouions à la balle, elle nous a fait fermer les fenêtres et elle nous a dit de nous asseoir tous. Mais ce qui était embêtant, c'est que les bancs
5 qui étaient près des fenêtres étaient tout mouillés, et l'eau, si c'est chouette* de la recevoir sur la figure*, c'est embêtant de s'asseoir dedans. La maîtresse* a levé les bras, elle a dit que nous étions insupportables et elle a dit qu'on s'arrange pour
10 nous caser sur les bancs secs. Alors, ça a fait un peu de bruit parce que chacun cherchait à s'asseoir, et il y avait des bancs où il y avait cinq copains, et à plus de trois copains on est très serrés sur les bancs. Moi, j'étais avec Rufus, Clotaire et Eudes. Et puis la
15 maîtresse* a frappé avec sa règle sur son bureau et elle a crié : « Silence ! » Plus personne n'a rien dit, sauf Agnan qui n'avait pas entendu et qui continuait à repasser sa leçon d'histoire. Il faut dire qu'il était tout seul sur son banc, parce que personne n'a
20 envie de s'asseoir à côté de ce sale chouchou*, sauf pendant les compositions. Et puis Agnan a levé la tête, il a vu la maîtresse* et il s'est arrêté de parler.

– Bien, a dit la maîtresse*. Je ne veux plus vous entendre. À la moindre incartade, je sévirai !
25 Compris ? Maintenant, répartissez-vous un peu mieux sur les bancs, et en silence !

Alors, on s'est tous levés, et sans rien dire nous avons changé de place ; ce n'était pas le moment de faire les guignols*, elle avait l'air drôlement*
30 fâchée*, la maîtresse* ! Je me suis assis avec Geoffroy, Maixent, Clotaire et Alceste, et on n'était pas très bien parce que Alceste prend une place terrible* et il fait des miettes* partout avec ses tartines. La maîtresse* nous a regardés un bon

20 **sauf** außer – 24 **le/la moindre** le/la plus petit(e) – 24 **une incartade** une bêtise – 24 **sévir** punir

coup, elle a fait un gros soupir* et elle est sortie de nouveau parler aux autres maîtresses*.

Et puis Geoffroy s'est levé, il est allé vers le tableau noir, et avec la craie il a dessiné un bonhomme amusant comme tout*, même s'il lui manquait le nez*, et il a écrit : « Maixent est un imbécile*. » Ça, ça nous a tous fait rigoler*, sauf Agnan qui s'était remis à son histoire et Maixent qui s'est levé et qui est allé vers Geoffroy pour lui donner une claque*. Geoffroy, bien sûr, s'est défendu, mais on était à peine tous debout en train de crier, que la maîtresse* est entrée en courant, et elle était toute rouge, avec de gros yeux ; je ne l'avais pas vue aussi fâchée* depuis au moins une semaine. Et puis, quand elle a vu le tableau noir, ça a été pire que tout.

– Qui a fait ça ? a demandé la maîtresse*.

– C'est Geoffroy, a répondu Agnan.

15 **pire que tout** schlimmer denn je

– Espèce de sale cafard ! a crié Geoffroy, tu vas avoir une baffe*, tu sais !

– Ouais ! a crié Maixent. Vas-y, Geoffroy !

Alors, ç'a été terrible*. La maîtresse* s'est mise drôlement* en colère, elle a tapé avec sa règle des tas* de fois sur son bureau. Agnan s'est mis à crier et à pleurer, il a dit que personne ne l'aimait, que c'était injuste, que tout le monde profitait de lui, qu'il allait mourir et se plaindre à ses parents, et tout le monde était debout, et tout le monde criait ; on rigolait* bien.

– Assis ! a crié la maîtresse*. Pour la dernière fois, assis ! Je ne veux plus vous entendre ! Assis !

Alors, on s'est assis. J'étais avec Rufus, Maixent et Joachim, et le directeur est entré dans la classe.

– Debout ! a dit la maîtresse*.

– Assis ! a dit le directeur.

Et puis il nous a regardés et il a demandé à la maîtresse* :

– Que se passe-t-il ici ? On entend crier vos élèves dans toute l'école ! C'est insupportable ! Et puis, pourquoi sont-il assis à quatre ou cinq par banc, alors qu'il y a des bancs vides ? Que chacun retourne à sa place !

On s'est tous levés, mais la maîtresse* a expliqué au directeur le coup des bancs mouillés. Le directeur a eu l'air étonné et il a dit que bon, qu'on revienne aux places que nous venions de quitter.

Alors, je me suis assis avec Alceste, Rufus, Clotaire, Joachim et Eudes ; on était drôlement* serrés. Et puis le directeur a montré le tableau noir du doigt et il a demandé :

5 – Qui a fait ça ? Allons, vite !

Et Agnan n'a pas eu le temps de parler, parce que Geoffroy s'est levé en pleurant et en disant que ce n'était pas de sa faute.

– Trop tard pour les regrets et les pleurnicheries, 10 mon petit ami, a dit le directeur. Vous êtes sur une mauvaise pente : celle qui conduit au bagne ; mais moi je vais vous faire perdre l'habitude d'utiliser un vocabulaire grossier et d'insulter vos condisciples ! Vous allez me copier cinq cents fois ce que vous 15 avez écrit sur le tableau. Compris ?… Quant à vous autres, et bien que la pluie ait cessé, vous ne descendrez pas dans la cour de récréation aujourd'hui. Ça vous apprendra un peu le respect de la discipline ; vous resterez en classe sous la 20 surveillance de votre maîtresse* !

Et quand le directeur est parti, quand on s'est rassis, avec Geoffroy et Maixent, à notre banc, on s'est dit que la maîtresse* était vraiment chouette*, et qu'elle nous aimait bien, nous qui, pourtant, la 25 faisons quelquefois enrager. C'était elle qui avait l'air la plus embêtée de nous tous quand elle a su qu'on n'aurait pas le droit de descendre dans la cour aujourd'hui.

11 **être sur une mauvaise pente** auf die schiefe Bahn geraten – 11 **le bagne** la prison

Les athlètes

Je ne sais pas si je vous ai déjà dit que dans le quartier, il y a un terrain vague* où des fois nous allons jouer avec les copains.

Il est terrible*, le terrain vague* ! Il y a de l'herbe, des pierres, un vieux matelas, une auto qui n'a plus de roues mais qui est encore très chouette* et elle nous sert d'avion, vroum, ou d'autobus, ding ding ; il y a des boîtes et aussi, quelquefois, des chats ; mais avec eux, c'est difficile de rigoler* parce que quand ils nous voient arriver, ils s'en vont.

On était dans le terrain vague*, tous les copains, et on se demandait à quoi on allait jouer puisque le ballon de foot d'Alceste est confisqué jusqu'à la fin du trimestre.

– Si on jouait à la guerre ? a demandé Rufus.

– Tu sais bien, a répondu Eudes, que chaque fois qu'on veut jouer à la guerre, on se bat parce que personne ne veut faire l'ennemi.

– Moi, j'ai une idée, a dit Clotaire. Si on faisait une réunion d'athlétisme ?

5 **un matelas** [matla] Matratze

Et Clotaire nous a expliqué qu'il avait vu ça à la télé, et que c'était très chouette*. Qu'il y avait des tas d'épreuves, que tout le monde faisait des tas* de choses en même temps, et que les meilleurs c'étaient les champions et qu'on les faisait monter sur un escabeau et qu'on leur donnait des médailles.

– Et l'escabeau et les médailles, a demandé Joachim, d'où tu vas les sortir ?

– On fera comme si, a répondu Clotaire.

Ça, c'était une bonne idée, alors on a été d'accord.

– Bon, a dit Clotaire, la première épreuve, ça sera le saut en hauteur.

– Moi, je saute pas, a dit Alceste.

– Il faut que tu sautes, a dit Clotaire. Tout le monde doit sauter !

– Non, monsieur, a dit Alceste. Je suis en train de manger, et si je saute, je vais être malade, et si je suis malade, je ne pourrai pas finir mes tartines avant le dîner. Je ne saute pas.

– Bon, a dit Clotaire. Tu tiendras la ficelle par-dessus laquelle nous devrons sauter. Parce qu'il nous faut une ficelle.

Alors, on a cherché dans nos poches, on a trouvé des billes*, des boutons, des timbres et un caramel, mais pas de ficelle.

3 **une épreuve** Wettkampf – 6 **un escabeau** Hocker – 10 **faire comme si** so tun als ob – 22 **une ficelle** Schnur

– On n'a qu'à prendre une ceinture, a dit Geoffroy.
– Ben non, a dit Rufus. On peut pas sauter bien s'il faut tenir son pantalon en même temps.
– Alceste ne saute pas, a dit Eudes. Il n'a qu'à nous 5 prêter sa ceinture.
– Je n'ai pas de ceinture, a dit Alceste. Mon pantalon, il tient tout seul.
– Je vais chercher par terre, voir si je ne trouve pas un bout de ficelle, a dit Joachim.
10 Maixent a dit que chercher un bout de ficelle dans le terrain vague*, c'était un drôle de travail, et qu'on ne pouvait pas passer l'après-midi à chercher un bout de ficelle, et qu'on devrait faire autre chose.
– Hé, les gars ! a crié Geoffroy. Si on faisait un 15 concours sur celui qui marche le plus longtemps sur les mains ? Regardez-moi ! Regardez-moi !
Et Geoffroy s'est mis à marcher sur les mains, et il fait ça très bien ; mais Clotaire lui a dit qu'il n'avait jamais vu des épreuves de marcher sur les mains 20 dans les réunions d'athlétisme, imbécile*.
– Imbécile* ? Qui est un imbécile* ? a demandé Geoffroy en s'arrêtant de marcher.
Et Geoffroy s'est remis à l'endroit et il est allé se battre avec Clotaire.
25 – Dites, les gars, a dit Rufus, si c'est pour se battre et pour faire les guignols*, ce n'est pas la peine de venir dans le terrain vague* ; on peut très bien faire ça à l'école.
Et comme il avait raison, Clotaire et Geoffroy ont 30 cessé de se battre, et Geoffroy a dit à Clotaire qu'il le prendrait où il voudrait, quand il voudrait et comment il voudrait.
– Tu me fais pas peur, Bill, a dit Clotaire. Au ranch, nous savons comment les traiter, les coyotes de ton 35 espèce.

15 **un concours** Wettbewerb

– Alors, a dit Alceste, on joue aux cow-boys, ou vous sautez ?

– T'as déjà vu sauter sans ficelle ? a demandé Maixent.

5 – Ouais, garçon, a dit Geoffroy. Dégaine !

Et Geoffroy a fait pan ! pan ! avec son doigt comme revolver, et Rufus s'est attrapé le ventre avec les deux mains, il a dit : « Tu m'as eu, Tom ! » et il est tombé dans l'herbe.

10 – Puisqu'on ne peut pas sauter, a dit Clotaire, on va faire des courses.

– Si on avait de la ficelle, a dit Maixent, on pourrait faire des courses de haies.

Clotaire a dit alors que puisqu'on n'avait pas de 15 ficelle, eh bien, on ferait un 100 mètres, de la palissade jusqu'à l'auto.

– Et ça fait 100 mètres, ça ? a demandé Eudes.

– Qu'est-ce que ça peut faire ? a dit Clotaire. Le premier qui arrive à l'auto a gagné le 100 mètres, et 20 tant pis pour les autres.

Mais Maixent a dit que ce ne serait pas comme les vraies courses de 100 mètres, parce que dans les vraies courses, au bout, il y a une ficelle, et le gagnant casse la ficelle avec la poitrine, et Clotaire 25 a dit à Maixent qu'il commençait à l'embêter avec sa ficelle, et Maixent lui a répondu qu'on ne se met pas à organiser des réunions d'athlétisme quand on n'a pas de ficelle, et Clotaire lui a répondu qu'il n'avait pas de ficelle, mais qu'il avait une main et 30 qu'il allait la mettre sur la figure* de Maixent. Et Maixent lui a demandé d'essayer un peu, et Clotaire aurait réussi si Maixent ne lui avait pas donné un coup* de pied d'abord.

5 **dégainer** sortir (son revolver) – 13 **une course de haies** une course où il faut sauter par dessus des barrières – 16 **une palissade** une sorte de mur en bois

Quand ils ont fini de se battre, Clotaire était très fâché*. Il a dit que nous n'y connaissions rien à l'athlétisme, et qu'on était tous des minables, et puis on a vu arriver Joachim en courant, tout content.

– Hé, les gars ! Regardez ! J'ai trouvé un bout de fil de fer !

Alors Clotaire a dit que c'était très chouette* et qu'on allait pouvoir continuer la réunion, et que comme on en avait tous un peu assez des épreuves de saut et de course, on allait jeter le marteau. Clotaire nous a expliqué que le marteau, ce n'était pas un vrai marteau, mais un poids, attaché à une ficelle, qu'on faisait tourner très vite et qu'on lâchait. Celui qui lançait le marteau le plus loin, c'était le champion. Clotaire a fait le marteau avec le bout de fil de fer et une pierre attachée au bout.

– Je commence, parce que c'est moi qui ai eu l'idée, a dit Clotaire. Vous allez voir ce jet !

Clotaire s'est mis à tourner sur lui-même des tas* de fois avec le marteau, et puis il l'a lâché.

On a arrêté la réunion d'athlétisme et Clotaire disait que c'était lui le champion. Mais les autres disaient que non ; que puisqu'ils n'avaient pas jeté le marteau, on ne pouvait pas savoir qui avait gagné.

3 **être un minable** être très mauvais, nul – 11 **un marteau** Hammer

Mais moi, je crois que Clotaire avait raison. Il aurait gagné de toute façon, parce que c'est un drôle de jet, du terrain vague* jusqu'à la vitrine de l'épicerie de M. Compani !

Il faut être raisonnable

Ce qui m'étonne, moi, c'est qu'à la maison on n'a pas encore parlé de vacances ! Les autres années, Papa dit qu'il veut aller quelque part, Maman dit qu'elle veut aller ailleurs, ça fait des tas* d'histoires. 5 Papa et Maman disent que puisque c'est comme ça ils préfèrent rester à la maison, moi je pleure, et puis on va où voulait aller Maman. Mais cette année, rien.

Pourtant, les copains de l'école se préparent tous 10 à partir. Geoffroy, qui a un papa très riche, va passer ses vacances dans la grande maison que son papa a au bord de la mer. Geoffroy nous a dit qu'il a un morceau de plage pour lui tout seul, où personne d'autre n'a le droit de venir faire des pâtés. Ça, c'est 15 peut-être des blagues, parce qu'il faut dire que Geoffroy est très menteur.

Agnan, qui est le premier de la classe et le chouchou* de la maîtresse*, s'en va en Angleterre passer ses vacances dans une école où on va lui 20 apprendre à parler l'anglais. Il est fou, Agnan.

0 **raisonnable** vernünftig – 14 **faire des pâtés (de sable)** Sandburgen bauen

Alceste va manger des truffes en Périgord, où son papa a un ami qui a une charcuterie. Et c'est comme ça pour tous : ils vont à la mer, à la montagne ou chez leurs mémés à la campagne. Il n'y a que moi qui ne sais pas encore où je vais aller, et c'est très embêtant, parce qu'une des choses que j'aime le mieux dans les vacances, c'est d'en parler avant et après aux copains.

C'est pour ça qu'à la maison, aujourd'hui, j'ai demandé à Maman où on allait partir en vacances. Maman, elle a fait une drôle de figure*, elle m'a embrassé sur la tête et elle m'a dit que nous allions en parler « quand Papa sera de retour, mon chéri », et que j'aille jouer dans le jardin, maintenant.

Alors, je suis allé dans le jardin et j'ai attendu Papa, et quand il est arrivé de son bureau, j'ai couru vers lui ; il m'a pris dans ses bras, il m'a fait « Ouplà ! » et je lui ai demandé où nous allions partir en vacances. Alors, Papa a cessé de rigoler*, il m'a posé par terre et il m'a dit qu'on allait en parler dans la maison, où nous avons trouvé Maman assise dans le salon.

– Je crois que le moment est venu, a dit Papa.

– Oui, a dit Maman, il m'en a parlé tout à l'heure.

– Alors, il faut le lui dire, a dit Papa.

– Eh bien, dis-lui, a dit Maman.

– Pourquoi moi ? a demandé Papa ; tu n'as qu'à lui dire, toi.

– Moi ? C'est à toi à lui dire, a dit Maman ; l'idée est de toi.

– Pardon, pardon, a dit Papa, tu étais d'accord avec moi, tu as même dit que ça lui ferait le plus grand bien, et à nous aussi. Tu as autant de raisons que moi de le lui dire.

– Ben alors, j'ai dit, on parle des vacances ou on ne parle pas des vacances ? Tous les copains partent et moi je vais avoir l'air d'un guignol* si je ne peux pas leur dire où nous allons et ce que nous allons y faire.

Alors, Papa s'est assis dans le fauteuil, il m'a pris par les mains et il m'a tiré contre ses genoux.

– Mon Nicolas est un grand garçon raisonnable, n'est-ce pas ? a demandé Papa.

– Oh ! oui, a répondu Maman, c'est un homme maintenant !

Moi, j'aime pas trop quand on me dit que je suis un grand garçon parce que d'habitude, quand on me dit ça, c'est qu'on va me faire faire des choses qui ne me plaisent pas.

– Et je suis sûr, a dit Papa, que mon grand garçon aimerait bien aller à la mer !

– Oh ! oui, j'ai dit.

– Aller à la mer, nager, pêcher, jouer sur la plage, se promener dans les bois, a dit Papa.

– Il y a des bois, là où on va ? j'ai demandé. Alors c'est pas là où on a été l'année dernière ?

– Écoute, a dit Maman à Papa. Je ne peux pas. Je me demande si c'est une si bonne idée que ça. Je préfère y renoncer. Peut-être, l'année prochaine…

– Non ! a dit Papa. Ce qui est décidé est décidé. Un peu de courage, que diable ! Et Nicolas va être très raisonnable ; n'est-ce pas, Nicolas ?

Moi j'ai dit que oui, que j'allais être drôlement* raisonnable. J'étais bien content, avec le coup de la mer et de la plage, j'aime beaucoup ça. La promenade dans les bois, c'est moins rigolo*, sauf pour jouer à cache-cache ; alors là, c'est terrible*.

– Et on va aller à l'hôtel ? j'ai demandé.
– Pas exactement, a dit Papa. Je… je crois que tu coucheras sous la tente. C'est très bien, tu sais…
Alors là, j'étais content comme tout*.
5 – Sous la tente, comme les Indiens dans le livre que m'a donné tante Dorothée ? j'ai demandé.
– C'est ça, a dit Papa.
– Chic ! j'ai crié. Tu me laisseras t'aider à monter la tente ? Et à faire du feu pour cuire le manger ? Et
10 tu m'apprendras à faire de la pêche sous-marine pour apporter des gros poissons à Maman ? Oh ! ça va être chic, chic, chic !
Papa s'est essuyé la figure* avec son mouchoir, comme s'il avait très chaud, et puis il m'a dit :
15 – Nicolas, nous devons parler d'homme à homme. Il faut que tu sois très raisonnable.
– Et si tu es bien sage* et tu te conduis comme un grand garçon, a dit Maman, ce soir, pour le dessert, il y aura de la tarte.
20 – Et je ferai réparer ton vélo, comme tu me le demandes depuis si longtemps, a dit Papa. Alors, voilà… Il faut que je t'explique quelque chose…
– Je vais à la cuisine, a dit Maman.
– Non ! reste ! a dit Papa. Nous avions décidé de le
25 lui dire ensemble…
Alors Papa a toussé un peu dans sa gorge, il m'a mis ses mains sur mes épaules et puis il m'a dit :
– Nicolas, mon petit, nous ne partirons pas avec toi en
30 vacances. Tu iras seul, comme un grand.
– Comment, seul ? j'ai demandé. Vous ne partez pas, vous ?

27 **une épaule** Schulter

– Nicolas, a dit Papa, je t'en prie, sois raisonnable. Maman et moi, nous irons faire un petit voyage, et comme nous avons pensé que ça ne t'amuserait pas, nous avons décidé que toi tu irais en colonie de vacances. Ça te fera le plus grand bien, tu seras avec des petits camarades de ton âge et tu t'amuseras beaucoup…

– Bien sûr, c'est la première fois que tu seras séparé de nous, Nicolas, mais c'est pour ton bien, a dit Maman.

– Alors, Nicolas, mon grand… qu'est-ce que tu en dis ? m'a demandé Papa.

– Chouette* ! j'ai crié, et je me suis mis à danser dans le salon. Parce que c'est vrai, il paraît que c'est terrible*, les colonies de vacances : on se fait des tas* de copains, on fait des promenades, des jeux, on chante autour d'un gros feu, et j'étais tellement content que j'ai embrassé Papa et Maman.

Pour le dessert, la tarte a été très bonne, et j'en ai eu plusieurs fois parce que ni Papa ni Maman n'en ont mangé. Ce qui est drôle, c'est que Papa et Maman me regardaient avec des gros yeux ronds. Ils avaient même l'air un peu fâché*.

Pourtant, je ne sais pas, moi, mais je crois que j'ai été raisonnable, non ?

9 **séparer** trennen

Le départ

Aujourd'hui, je pars en colonie de vacances et je suis bien content. La seule chose qui m'ennuie, c'est que Papa et Maman ont l'air un peu tristes ; c'est sûrement parce qu'ils ne sont pas habitués à
5 rester seuls pendant les vacances.

Maman m'a aidé à faire la valise, avec les chemisettes, les shorts, les espadrilles, les petites autos, le maillot de bain, les serviettes, la locomotive du train électrique, les œufs durs, les bananes, les
10 sandwiches au saucisson et au fromage, le filet pour les crevettes, le pull à manches longues, les chaussettes et les billes*. Bien sûr, on a dû faire quelques paquets parce que la valise n'était pas assez grande, mais ça ira.

15 Moi, j'avais peur de rater le train, et après le déjeuner, j'ai demandé à Papa s'il ne valait pas mieux partir tout de suite pour la gare. Mais Papa

7 **des espadrilles** [ɛspadrij] *fpl* des chaussures de plage – 8 **un maillot de bain** Badehose – 16 **il valait mieux** (*présent :* **il vaut mieux**) es wäre besser

m'a dit que c'était encore un peu tôt, que le train partait à 6 heures du soir et que j'avais l'air bien impatient de les quitter. Et Maman est partie dans la cuisine avec son mouchoir, en disant qu'elle avait 5 quelque chose dans l'œil.

Je ne sais pas ce qu'ils ont, Papa et Maman, ils ont l'air bien embêtés. Tellement embêtés que je n'ose pas leur dire que ça me fait une grosse boule dans la gorge quand je pense que je ne vais pas les voir 10 pendant presque un mois. Si je le leur disais, je suis sûr qu'ils se moqueraient de moi et qu'ils me gronderaient*.

Moi, je ne savais pas quoi faire en attendant l'heure de partir, et Maman n'a pas été contente 15 quand j'ai vidé la valise pour prendre les billes qui étaient au fond.

– Le petit ne tient plus en place, a dit Maman à Papa. Au fond, nous ferions peut-être mieux de partir tout de suite.

20 – Mais, a dit Papa, il manque encore une heure et demie jusqu'au départ du train.

– Bah ! a dit Maman, en arrivant en avance, nous trouverons le quai vide et nous éviterons les bousculades et la confusion.

25 – Si tu veux, a dit Papa.

15 **vider qc** enlever tout ce qu'il y a dans qc – 24 **la bousculade** Gedränge

Nous sommes montés dans la voiture et nous sommes partis. Deux fois, parce que la première, nous avons oublié la valise à la maison.

À la gare, tout le monde était arrivé en avance. Il y avait plein de gens partout, qui criaient et faisaient du bruit. On a eu du mal à trouver une place pour mettre la voiture, très loin de la gare, et on a attendu Papa, qui a dû revenir à la voiture pour chercher la valise qu'il croyait que c'était Maman qui l'avait prise. Dans la gare, Papa nous a dit de rester bien ensemble pour ne pas nous perdre. Et puis il a vu un monsieur en uniforme, qui était rigolo* parce qu'il avait la figure* toute rouge et la casquette de travers.

– Pardon, monsieur, a demandé Papa, le quai numéro 11, s'il vous plaît ?

9 **la valise qu'il croyait que…** *fam, c'est Nicolas qui parle et la tournure n'est pas correcte, on dirait :* la valise parce qu'il croyait que… – 13 **une casquette** Mütze – 13 **de travers** qui n'est pas droit

– Vous le trouverez entre le quai numéro 10 et le quai numéro 12, a répondu le monsieur. Du moins, il était là-bas la dernière fois que j'y suis passé.

– Dites donc, vous… a dit Papa ; mais Maman a dit qu'il ne fallait pas s'énerver ni se disputer, qu'on trouverait bien le quai tout seuls.

Nous sommes arrivés devant le quai, qui était plein, plein, plein de monde, et Papa a acheté, pour lui et Maman, trois tickets de quai. Deux pour la première fois et un pour quand il est retourné chercher la valise qui était restée devant la machine qui donne les tickets.

– Bon, a dit Papa, restons calmes. Nous devons aller devant la voiture Y.

Comme le wagon qui était le plus près de l'entrée du quai, c'était la voiture A, on a dû marcher longtemps, et ça n'a pas été facile, à cause des gens, des chouettes* petites voitures pleines de valises et de paniers et du parapluie du gros monsieur qui s'est accroché au filet à crevettes, et le monsieur et Papa se sont disputés, mais Maman a tiré Papa par le bras, ce qui a fait tomber le parapluie du monsieur qui était toujours accroché au filet à crevettes. Mais ça s'est très bien arrangé, parce qu'avec le bruit de la gare, on n'a pas entendu ce que criait le monsieur.

Devant le wagon Y, il y avait des tas* de types de mon âge, des papas, des mamans et un monsieur qui tenait une pancarte où c'était écrit « Camp Bleu » : c'est le nom de la colonie de vacances où je vais. Tout le monde criait. Le monsieur à la pancarte avait des papiers dans la main, Papa lui a dit mon nom, le monsieur a

2 **du moins** zumindest – 19 **un panier** Korb

cherché dans ses papiers et il a crié : « Lestouffe ! Encore un pour votre équipe ! »

Et on a vu arriver un grand, il devait avoir au moins dix-sept ans, comme le frère de mon copain Eudes, celui qui lui apprend à boxer.

– Bonjour, Nicolas, a dit le grand. Je m'appelle Gérard Lestouffe et je suis ton chef d'équipe. Notre équipe, c'est l'équipe Œil-de-Lynx.

Et il m'a donné la main. Très chouette*.

– Nous vous le confions, a dit Papa en rigolant*.

– Ne craignez rien, a dit mon chef ; quand il reviendra, vous ne le reconnaîtrez plus.

Et puis Maman a encore eu quelque chose dans l'œil et elle a dû sortir son mouchoir. Une dame, qui tenait par la main un petit garçon qui ressemblait à Agnan, surtout à cause des lunettes*, s'est approchée de mon chef et elle lui a dit :

– Vous n'êtes pas un peu jeune pour prendre la responsabilité de surveiller des enfants ?

– Mais non, madame, a répondu mon chef. Je suis moniteur diplômé ; vous n'avez rien à craindre.

– Ouais, a dit la dame, enfin… Et comment faites-vous la cuisine ?

– Pardon ? a demandé mon chef.

– Oui, a dit la dame, vous cuisinez au beurre, à l'huile, à la graisse ? Parce que je vous préviens tout de suite, le petit ne supporte pas la graisse. C'est bien simple : si vous voulez qu'il soit malade, donnez-lui de la graisse !

– Mais madame… a dit mon chef.

– Et puis, a dit la dame, faites-lui prendre son médicament avant chaque repas, mais surtout pas de graisse ; ce n'est pas la peine de leur donner des

8 **un lynx** [lɛ̃ks] Luchs – 10 **confier qc à qn** jdm etwas anvertrauen – 26 **la graisse** Fett

médicaments si c'est pour les rendre malades. Et faites bien attention qu'il ne tombe pas pendant les escalades.

– Les escalades ? a demandé mon chef, quelles escalades ?

– Eh bien, celles que vous ferez en montagne ! a répondu la dame.

– En montagne ? a dit mon chef. Mais il n'y a pas de montagnes où nous allons, à Plage-les-Trous.

– Comment ! Plage-les-Trous ? a crié la dame. On m'a dit que les enfants allaient à Sapins-les-Sommets. Quelle organisation ! Bravo ! Je disais bien que vous étiez trop jeune pour…

– Le train pour Sapins-les-Sommets, c'est à la voie 4, madame, a dit un monsieur en uniforme, qui

3 **une escalade** (Berg-)Besteigung

passait. Et vous feriez bien de vous dépêcher, il part dans trois minutes.

– Oh ! mon Dieu ! a dit la dame, je n'aurai même pas le temps de leur faire des recommandations !

5 Et elle est partie en courant avec le type qui ressemblait à Agnan.

Et puis on a entendu un gros coup de sifflet et tout le monde est monté dans les wagons en criant, et le monsieur en uniforme est allé voir le monsieur 10 à la pancarte et il lui a demandé d'empêcher le petit imbécile* qui jouait avec un sifflet de mettre la pagaille partout. Alors, il y en a qui sont descendus des wagons, et ce n'était pas facile à cause de ceux qui montaient. Des papas et des mamans criaient 15 des choses, en demandant qu'on n'oublie pas d'écrire, de bien se couvrir et de ne pas faire de bêtises. Il y avait des types qui pleuraient et d'autres qui se sont fait gronder* parce qu'ils jouaient au football sur le quai, c'était terrible*. On n'a même 20 pas entendu le monsieur en uniforme qui sifflait, il en avait la figure* toute foncée, comme s'il revenait de vacances. Tout le monde a embrassé tout le monde et le train est parti pour nous emmener à la mer.

25 Moi, je regardais par la fenêtre, et je voyais mon papa et ma maman, tous les papas et toutes les mamans, qui nous faisaient « au revoir » avec leurs mouchoirs. J'avais de la peine. C'était pas juste, c'était nous qui partions, et eux ils avaient l'air 30 tellement plus fatigués que nous. J'avais un peu envie de pleurer, mais je ne l'ai pas fait, parce qu'après tout, les vacances, c'est fait pour rigoler* et tout va très bien se passer.

4 **faire des recommandations** donner des conseils – 12 **la pagaille** [pagaj] *fam* la confusion, le désordre

Et puis, pour la valise, Papa et Maman se débrouilleront sûrement pour me la faire porter par un autre train.

Mon chéri,

Nous espérons que tu es bien sage*, que tu manges tout ce qu'on te donne et que tu t'amuses bien. Pour la sieste, M. Rateau a raison ; il faut que
5 tu te reposes, et que tu dormes aussi bien après le déjeuner qu'après le dîner. Si on te laissait faire, nous te connaissons, mon poussin, tu voudrais jouer même la nuit. Heureusement que tes supérieurs sont là pour te surveiller, et il faut
10 toujours leur obéir*. Pour le problème d'arithmétique, Papa a dit qu'il avait trouvé la solution, mais qu'il voulait que tu y arrives par toi-même…

(Extrait d'une lettre des parents de Nicolas à
15 Nicolas)

7 **un poussin** Küken (*hier als* Kosewort) – 9 **un supérieur** *ici :* un chef

Jeu de nuit

Hier soir, pendant le dîner, M. Rateau, qui est le chef du camp, parlait avec nos chefs d'équipe et ils se disaient des tas* de choses à voix basse en nous regardant de temps en temps. Et puis, après le
5 dessert – de la confiture de groseilles, c'était bien – on nous a dit d'aller vite nous coucher.

Notre chef d'équipe est venu nous voir dans notre baraque, il nous a demandé si on était en forme, et puis il nous a dit de nous endormir bien vite, parce
10 qu'on aurait besoin de toutes nos forces.

– Pour quoi faire, chef ? a demandé Calixte.

– Vous verrez, a dit le chef, et puis il nous a dit bonne nuit et il a éteint la lumière.

Moi, je sentais bien que cette nuit, c'était pas
15 comme les autres nuits, et j'ai vu que je ne pourrais pas dormir ; ça me fait toujours ça quand je m'énerve avant de me coucher.

Je me suis réveillé tout d'un coup en entendant des cris et des coups de sifflet.

5 **des groseilles** *fpl* Johannisbeeren – 19 **un sifflet** Trillerpfeife

– Jeu de nuit ! Jeu de nuit ! Rassemblement pour le jeu de nuit ! on criait dehors.

On s'est assis dans notre lit, sauf Gualbert, qui n'avait rien entendu et qui dormait, et Paulin qui avait eu peur et qui pleurait sous sa couverture et on ne le voyait pas, mais on l'entendait et ça faisait : « Hmm hmm hmm » ; mais nous on le connaît et on savait qu'il criait qu'il voulait retourner chez son papa et sa maman, comme il dit toujours.

Et puis la porte de notre baraque s'est ouverte, notre chef d'équipe est entré, il a allumé la lumière et il nous a dit de nous habiller tous en vitesse pour aller au rassemblement pour le jeu de nuit, et de bien nous couvrir avec nos chandails. Alors, Paulin a sorti sa tête de dessous sa couverture et il s'est mis à crier qu'il avait peur de sortir la nuit, et que de toute façon son papa et sa maman ne le laissaient jamais sortir la nuit, et qu'il n'allait pas sortir la nuit.

– Bon, a dit notre chef d'équipe, tu n'as qu'à rester ici.

1 **un rassemblement** *ici :* un regroupement – 14 **un chandail** [ʃɑ̃daj] un pullover

Alors, Paulin s'est levé et ça a été le premier à être prêt et à sortir parce qu'il disait qu'il avait peur de rester seul dans la baraque et qu'il se plaindrait à son papa et à sa maman.

5 On a fait le rassemblement au milieu du camp, et comme il était très tard la nuit et qu'il faisait noir, on avait allumé les lumières, mais on n'y voyait quand même pas beaucoup.

M. Rateau nous attendait.

10 – Mes chers enfants, nous a dit M. Rateau, nous allons faire un jeu de nuit. M. Genou, notre économe, que nous aimons tous bien, est parti avec un fanion. Il s'agit pour vous de retrouver M. Genou et de ramener son fanion au camp. Vous agirez par 15 équipes, et l'équipe qui rapportera le fanion aura droit à une distribution supplémentaire de chocolat. M. Genou nous a laissé quelques indications qui vous permettront de le retrouver plus facilement ; écoutez bien : « Je suis parti vers la 20 Chine, et devant un tas de trois gros cailloux blancs… » Ça ne vous ferait rien de ne pas faire de bruit quand je parle ?

Bertin a rangé son sifflet dans sa poche et M. Rateau a continué :

25 – « Et devant un tas de trois gros cailloux blancs, j'ai changé d'avis et je suis allé dans les bois. Mais pour ne pas me perdre, j'ai fait comme le Petit Poucet et… » Pour la dernière fois, voulez-vous cesser de jouer avec ce sifflet ?

30 – Oh ! pardon, monsieur Rateau, a dit un chef d'équipe, j'ai cru que vous aviez fini.

M. Rateau a fait un gros soupir*, et il a dit :

– Bien. Vous avez là les indications qui vous permettront de retrouver M. Genou et son fanion si

12 **un économe** *ici :* une personne qui s'occupe de l'administration de la colonie – 13 **un fanion** Wimpel – 20 **un caillou** une petite pierre – 27 **le Petit Poucet** der Däumling

vous faites preuve d'ingéniosité, de perspicacité et d'initiative. Restez bien groupés par équipes, et que le meilleur gagne. Allez-y !

Et les chefs d'équipe ont donné des tas* de coups de sifflet, tout le monde s'est mis à courir partout, mais sans sortir du camp, parce que personne ne savait où aller.

On était drôlement* contents : jouer comme ça la nuit, c'est une aventure terrible*.

– Je vais aller chercher ma lampe électrique, a crié Calixte.

Mais notre chef d'équipe l'a rappelé.

– Ne vous éparpillez pas, il nous a dit. Discutez entre vous pour savoir comment commencer vos recherches. Et faites vite si vous ne voulez pas qu'une autre équipe arrive avant vous à retrouver M. Genou.

Là, je crois qu'il n'y avait pas trop à s'inquiéter, parce que tout le monde courait et criait, mais personne n'était encore sorti du camp.

– Voyons, a dit notre chef d'équipe. Réfléchissez. M. Genou a dit qu'il était parti vers la Chine. Dans quelle direction se trouve ce pays d'Orient ?

– Moi, j'ai un atlas où il y a la Chine, nous a dit Crépin. C'est ma tante Rosalie qui me l'a donné pour mon anniversaire ; j'aurais préféré un vélo.

– Moi, j'ai un chouette* vélo, chez moi, a dit Bertin.

– De course ? j'ai demandé.

– L'écoute pas, a dit Crépin, il raconte des blagues* !

– Et la baffe* que tu vas recevoir, c'est une blague* ? a demandé Bertin.

– La Chine se trouve à l'Est ! a crié notre chef d'équipe.

1 **la perspicacité** [pɛrspikasite] Scharfsinn – 13 **s'éparpiller** aller dans tous les sens

– Et l'Est, c'est où ? a demandé un type.

– Hé, chef, a crié Calixte, ce type, il est pas de chez nous ! C'est un espion !

– Je suis pas un espion, a crié le type. Je suis de l'équipe des Aigles, et c'est la meilleure équipe de la colo !

– Eh bien, va la rejoindre, ton équipe, a dit notre chef.

– C'est que je sais pas où elle est, a dit le type, et il s'est mis à pleurer.

Il était bête, le type, parce qu'elle ne devait pas être bien loin, son équipe, puisque personne n'était encore sorti du camp.

– Le soleil, a dit notre chef d'équipe, se lève de quel côté ?

– Il se lève du côté de Gualbert, qui a son lit à côté de la fenêtre ! Même qu'il se plaint que ça le réveille, a dit Jonas.

– Hé ! chef, a crié Crépin, il est pas là, Gualbert !

– C'est vrai, a dit Bertin, il s'est pas réveillé. Il dort drôlement*, Gualbert. Je vais aller le chercher.

– Fais vite ! a crié le chef.

5 **un aigle** Adler

Bertin est parti en courant et puis il est revenu en disant que Gualbert avait sommeil et qu'il ne voulait pas venir.

– Tant pis pour lui, a dit le chef. Nous avons perdu 5 assez de temps comme ça ! Mais comme personne n'était encore sorti du camp, ce n'était pas grave.

Et puis, M. Rateau, qui était resté debout au milieu du camp, s'est mis à crier :

– Un peu de silence ! Les chefs d'équipe, faites de 10 l'ordre ! Réunissez vos équipes pour commencer le jeu !

Ça, ça a été un drôle de travail, parce que dans le noir on s'était un peu mélangés. Chez nous, il y en avait un des Aigles, et deux des Braves. Paulin, on 15 l'a vite retrouvé chez les Sioux, parce qu'on a reconnu sa façon de pleurer. Calixte était allé espionner chez les Trappeurs, qui cherchaient leur chef d'équipe. On rigolait* bien, et puis il s'est mis à pleuvoir fort comme tout*.

20 – Le jeu est suspendu ! a crié M. Rateau. Que les équipes retournent dans leurs baraques !

Et ça, ça a été vite fait parce qu'heureusement, personne n'était encore sorti du camp.

M. Genou, on l'a vu revenir le lendemain matin, 25 avec son fanion, dans la voiture du fermier qui a le champ d'orangers. Après, on nous a dit que M. Genou s'était caché dans le bois de pins. Et puis, quand il s'était mis à pleuvoir, il en avait eu assez de nous attendre et il avait voulu revenir au camp. 30 Mais il s'était perdu dans les bois et il était tombé dans un fossé plein d'eau. Là, il s'était mis à crier et ça avait fait aboyer le chien du fermier. Et c'est comme ça que le fermier avait pu trouver M. Genou

2 **avoir sommeil** avoir besoin de dormir – 4 **tant pis** c'est dommage – 20 **suspendre qc** arrêter qc

et le ramener dans sa ferme pour le sécher et lui faire passer la nuit.

Ce qu'on nous a pas dit, c'est si on avait donné au fermier la distribution supplémentaire de chocolat. Il y avait droit, pourtant !

Souvenirs de vacances

Moi, je suis rentré de vacances ; j'étais dans une colo, et c'était très bien. Quand nous sommes arrivés à la gare avec le train, il y avait tous les papas et toutes les mamans qui nous attendaient. C'était
5 terrible* : tout le monde criait, il y en avait qui pleuraient parce qu'ils n'avaient pas encore retrouvé leurs mamans et leurs papas, d'autres qui riaient parce qu'ils les avaient retrouvés, les chefs d'équipe qui nous accompagnaient sifflaient pour
10 que nous restions en rang, les employés de la gare sifflaient pour que les chefs d'équipe ne sifflent plus, ils avaient peur qu'ils fassent partir les trains, et puis j'ai vu mon papa et ma maman, et là, ça a été chouette* comme je ne peux pas vous dire. J'ai
15 sauté dans les bras de ma maman, et puis dans ceux de mon papa, et on s'est embrassés, et ils m'ont dit que j'avais grandi, que j'étais tout brun, et Maman avait les yeux mouillés et Papa il rigolait* doucement en faisant « hé hé » et il me passait sa
20 main dans les cheveux, moi j'ai commencé à leur

raconter mes vacances, et nous sommes partis de la gare, et Papa a perdu ma valise.

J'ai été content de retrouver la maison, elle sent bon, et puis ma chambre avec tous les jouets, et Maman est allée préparer le déjeuner, et ça c'est chouette*, parce qu'à la colo, on mangeait bien, mais Maman cuisine mieux que tout le monde, et même quand elle rate un gâteau, il est meilleur que n'importe quoi que vous ayez jamais mangé. Papa s'est assis dans un fauteuil* pour lire son journal et moi je lui ai demandé :

– Et qu'est-ce que je fais maintenant ?

– Je ne sais pas moi, a dit Papa, tu dois être fatigué du voyage, va te reposer dans ta chambre.

– Mais je ne suis pas fatigué, j'ai dit.

– Alors va jouer, m'a dit Papa.

– Avec qui ? j'ai dit.

– Avec qui, avec qui, en voilà une question ! a dit Papa. Avec personne, je suppose.

– Moi je sais pas jouer tout seul, j'ai dit, c'est pas juste, à la colo, on était des tas* de copains et il y avait toujours des choses à faire.

Alors Papa a mis le journal sur ses genoux, il m'a fait les gros yeux et il m'a dit : « Tu n'es plus à la colo ici, et tu vas me faire le plaisir d'aller jouer tout seul ! » Alors moi je me suis mis à pleurer, Maman est sortie en courant de la cuisine, elle a dit : « Ça commence bien », elle m'a consolé et elle m'a dit qu'en attendant le déjeuner, j'aille jouer dans le jardin, que peut-être je pourrais inviter Marie-Edwige qui venait de rentrer de vacances. Alors je suis sorti en courant pendant que Maman parlait avec Papa. Je crois qu'ils parlaient de moi, ils sont très contents que je sois revenu.

Marie-Edwige, c'est la fille de M. et Mme Courteplaque, qui sont nos voisins. M. Courteplaque est

chef du rayon de chaussures aux magasins du « Petit Épargnant », troisième étage, et il se dispute souvent avec Papa. Mais Marie-Edwige, elle est très chouette*, même si c'est une fille. Et là, c'était de la
5 veine, parce que quand je suis sorti dans notre jardin, j'ai vu Marie-Edwige qui jouait dans le sien.

– Bonjour Marie-Edwige, j'ai dit, tu viens jouer dans le jardin avec moi ?

– Oui, a dit Marie-Edwige, et elle est passée par le
10 trou dans la haie que Papa et M. Courteplaque ne veulent pas arranger parce que chacun dit que le trou est dans le jardin de l'autre. Marie-Edwige, depuis que je l'ai vue la dernière fois avant les vacances, est devenue toute foncée, et avec ses
15 yeux tout bleus et ses cheveux tout blonds, ça fait très joli. Non, vraiment, même si c'est une fille, elle est très chouette*, Marie-Edwige.

– T'as passé de bonnes vacances ? m'a demandé Marie-Edwige.

20 – Terribles* ! je lui ai dit. J'étais dans une colo, il y avait des équipes, et la mienne c'était la meilleure, elle s'appelait « Œil-de-Lynx » et c'était moi le chef.

– Je croyais que les chefs c'étaient des grands, m'a dit Marie-Edwige.

25 – Oui, j'ai dit, mais moi, j'étais l'aide du chef, et il ne faisait rien sans me demander. Celui qui commandait vraiment, c'était moi.

5 **la veine** *fam* la chance – 10 **la °haie** ['ɛ] Hecke – 14 **foncé, foncée** *ici :* brun

– Et il y avait des filles, dans la colo ? m'a demandé Marie-Edwige.

– Peuh ! j'ai répondu, bien sûr que non, c'était trop dangereux pour les filles. On faisait des choses terribles*, et puis moi, j'ai dû en sauver deux qui se noyaient.

– Tu racontes des blagues*, m'a dit Marie-Edwige.

– Comment des blagues* ? j'ai crié. C'est pas deux fois, mais trois, j'en avais oublié un. Et puis à la pêche, c'est moi qui ai gagné le concours, j'ai sorti un poisson, comme ça ! et j'ai écarté les bras autant que je pouvais et Marie-Edwige s'est mise à rigoler* comme si elle ne me croyait pas. Et ça, ça ne m'a pas plu ; c'est vrai, avec les filles on ne peut pas parler.

Alors, je lui ai raconté la fois où j'avais aidé la police à retrouver un voleur qui était venu se cacher dans le camp et la fois où j'avais nagé jusqu'au phare et retour, et tout le monde était très inquiet,
5 mais quand je suis revenu à la plage, tout le monde m'avait félicité et avait dit que j'étais un champion terrible*, et puis la fois aussi, où tous les copains du camp s'étaient perdus dans la forêt, pleine de bêtes sauvages, et moi je les avais retrouvés.

10 – Moi, a dit Marie-Edwige, j'étais à la plage avec maman et mon papa, et je me suis fait un petit copain qui s'appelait Jeannot et qui était terrible* pour les galipettes…

– Marie-Edwige ! a crié Mme Courteplaque qui était
15 sortie de la maison, reviens tout de suite, le déjeuner est servi !

4 **un phare** Leuchtturm – 13 **une galipette** *fam* Purzelbaum

– Je te raconterai plus tard, m'a dit Marie-Edwige, et elle est partie en courant par le trou de la haie.

Quand je suis rentré dans ma maison, Papa m'a regardé et il m'a dit : « Alors, Nicolas, tu as retrouvé
5 ta petite camarade ? Tu es de meilleure humeur maintenant ? » Alors, moi, j'ai pas répondu, je suis monté en courant dans ma chambre et j'ai donné un coup* de pied dans la porte de l'armoire.

C'est vrai, quoi, à la fin, qu'est-ce qu'elle a Marie-
10 Edwige à me raconter des tas* de blagues* sur ses vacances ? D'abord, ça ne m'intéresse pas.

Et puis son Jeannot, c'est un imbécile* et un laid !

12 **laid, laide** ≠ beau

Votre compte rendu de lecture

Falls ihr z. B. einen Roman völlig selbständig lesen wollt (was ja durchaus mal vorkommen kann), dann könnt ihr als kleine Merkhilfe ein Leseprotokoll (*un compte rendu de lecture*) führen, damit ihr nach Unterbrechungen schnell den Wiedereinstieg findet.

In das Leseprotokoll (Beispiel siehe S. 76) könnt ihr die wichtigsten Informationen eintragen, die ihr bei der Lektüre gewinnt. Ferner könnt ihr darin auch eure Meinung zu wichtigen Vorkommnissen äußern usw.

Das Wichtigste: Das Leseprotokoll sollte eine freiwillige Angelegenheit sein und nur eine Hilfe für eure persönliche Lektüre sein. Und außerdem: Die Leseprotokolle können auch hilfreich sein, wenn ihr irgendwann einmal eine „Erinnerung" an ein früher gelesenes Buch sucht.

Aujourd'hui, ______________________________

j'ai lu le(s) chapitre(s) : ____________________

de la page __________ à la page ____________

Ce que j'ai appris sur :

les personnages : _________________________

____

leur situation : ___________________________

____

le déroulement de l'action : ________________

____

D'autres informations importantes : ________

____

Ce qui m'a plu : ___________________________

____

Ce qui ne m'a pas plu : _____________________

____

Les mots les plus importants : ______________

____

Les difficultés que j'ai rencontrées : _______

____

Goscinny et Sempé

Biographies

et

bibliographies

René Goscinny

« Je suis né le 14 août 1926 à Paris et me suis mis à grandir aussitôt après. Le lendemain, c'était le 15 août et nous ne sommes pas sortis. » Sa famille émigre en Argentine où il suit toute sa scolarité au Collège français de Buenos Aires :

« J'étais en classe un véritable guignol. Comme j'étais aussi plutôt bon élève, on ne me renvoyait pas. »

C'est à New York qu'il débute sa carrière.

Rentré en France au début des années 1950, il donne naissance à toute une série de héros légendaires ; Goscinny imagine les aventures du Petit Nicolas avec Jean-Jacques Sempé, inventant un langage de gosse qui va faire le succès du célèbre écolier. Puis, Goscinny crée Astérix avec Albert Uderzo.

Le triomphe du petit Gaulois sera phénoménal.

Traduites en 107 langues et dialectes, les aventures d'Astérix font partie des œuvres les plus lues dans le monde.

Auteur prolifique, Goscinny réalise en même temps Lucky Luke avec Morris, Iznogoud avec Tabary, les Dingodossiers avec Gotlib, etc.

À la tête du journal Pilote, il révolutionne la bande dessinée, l'érigeant au rang de « 9ème Art ».

Cinéaste, Goscinny crée les Studios Idéfix avec Uderzo et Dargaud.

Il réalise quelques chefs-d'œuvre du dessin animé :

Astérix et Cléopâtre, Les Douze Travaux d'Astérix, Daisy Town et *La Ballade des Dalton.* Il recevra à titre posthume un César pour l'ensemble de son œuvre cinématographique.

Le 5 novembre 1977, René Goscinny meurt à l'âge de 51 ans.

Hergé déclare : « Tintin s'incline devant Astérix. »

Ses héros lui ont survécu et nombre de ses formules sont passées dans notre langage quotidien : « tirer plus vite que son ombre », « devenir calife à la place du calife », « être tombé dedans quand on était petit », « trouver la potion magique », « ils sont fous ces Romains »…

Scénariste de génie, c'est au travers des aventures du Petit Nicolas, enfant malicieux aux frasques redoutables et à la naïveté touchante, que Goscinny donne toute la mesure de son talent d'écrivain.

Ce qui lui fera dire : « J'ai une tendresse toute particulière pour ce personnage. »

Jean-Jacques Sempé

« Quand j'étais gosse, le chahut était ma seule distraction. »

Sempé est né le 17 août 1932 à Bordeaux. Études plutôt mauvaises, renvoyé pour indiscipline du Collège moderne de Bordeaux, il se lance dans la vie active : homme à tout faire chez un courtier en vin, moniteur de colonies de vacances, garçon de bureau…

À dix-huit ans, il devance l'appel et monte à Paris.

Il écume les salles de rédaction et, en 1951, il vend son premier dessin à *Sud-Ouest*.

Sa rencontre avec Goscinny coïncide avec les débuts d'une fulgurante carrière de « dessinateur de presse ».

Avec le Petit Nicolas, il campe une inoubliable galerie de portraits d'affreux jojos qui tapissent depuis notre imaginaire.

Parallèlement aux aventures du petit écolier, il débute à *Paris Match* en 1956 et collabore à de très nombreuses revues.

Son premier album de dessins paraît en 1962 : *Rien n'est simple*. Une trentaine suivront, chefs-d'œuvre d'humour traduisant à merveille sa vision tendrement ironique de nos travers et des travers du monde.

Créateur de Marcellin Caillou, de Raoul Taburin, ou encore de Monsieur Lambert, son talent d'observateur allié à un formidable sens du dérisoire en font depuis quarante ans l'un des plus grands dessinateurs français.

Outre ses propres albums, il a illustré *Catherine Certitude* de Patrick Modiano ou encore *L'histoire de Monsieur Sommer* de Patrick Süskind.

Sempé est l'un des rares dessinateurs français à illustrer les couvertures du très prestigieux *New Yorker*, et aujourd'hui, il fait sourire des milliers de lecteurs dans *Paris Match*…

C'est avec enthousiasme qu'il a accueilli la publication des *Histoires inédites du Petit Nicolas*.

Ému par cet évènement, il a été surpris et amusé par ce succès du Petit Nicolas.

Bibliographie commune des auteurs

Aux Éditions Denoël

- *Le Petit Nicolas,* 1960
- *Les Récrés du Petit Nicolas,* 1961
- *Les Vacances du Petit Nicolas,* 1962
- *Le Petit Nicolas et les copains,* 1963

Prix Alphonse Allais qui récompense le livre le plus drôle de l'année.

- *Le Petit Nicolas a des ennuis,* 1964

Aux Éditions IMAV

- *Histoires inédites du Petit Nicolas,* 2004

Prix Globe de Cristal 2006
Prix de la Presse pour les arts et la culture.

- *Histoires inédites du Petit Nicolas – volume 2,* 2006
- *Le Petit Nicolas – Le ballon et autres histoires inédites,* 2009

René Goscinny – Bibliographie

Aux Éditions Hachette

- *Astérix,* 26 volumes, Goscinny & Uderzo, (Dargaud 1961), 2009.

Aux Éditions Albert René

- *Astérix,* 8 albums, Uderzo sous la double signature Goscinny & Uderzo, 1980.
- *Comment Obélix est tombé dans la marmite du druide quand il était petit,* Goscinny & Uderzo, 1989.
- *Astérix et la rentrée gauloise,* Goscinny & Uderzo, 2004.
- *Astérix et la surprise de César,* d'après les dessins animés de Goscinny & Uderzo, 1985.
- *Le coup du menhir,* (idem), 1989.
- *Astérix et les Indiens,* (idem), 1995.
- *Astérix et les Vikings, (idem),* 2006.
- *Oumpah-Pah,* 3 volumes, Goscinny & Uderzo, 1961, 1995.
- *Jehan Pistolet,* 4 volumes, Goscinny & Uderzo, 1998.

Aux Éditions Lefrancq

- *Luc Junior,* 2 volumes, Goscinny & Uderzo, 1989.
- *Benjamin et Benjamine, les naufragés de l'air,* Goscinny & Uderzo, 1991.

Aux Éditions Dupuis

- *Lucky Luke,* 22 volumes, Morris & Goscinny, 1957.

- *Jerry Spring, La piste du grand nord*, Goscinny & Jijé, 1958, 1993.

Aux Éditions Lucky Comics

- *Lucky Luke*, 19 volumes, Morris & Goscinny, 1968, 2000.

Aux Éditions Dargaud

- *Iznogoud*, 8 volumes, Goscinny & Tabary, 1969, 1998.
- *Les Dingodossiers*, Goscinny & Gotlib, 3 volumes, 1967.

Aux Éditions Tabary

- *Iznogoud*, 8 volumes, Goscinny & Tabary, 1986 – 12 volumes, Tabary sous la double signature Goscinny & Tabary.
- *Valentin le vagabond*, Goscinny & Tabary, 1975.

Aux Éditions du Lombard

- *Modeste et Pompon*, 3 volumes, Franquin & Goscinny, 1958, 1996.
- *Chick Bill, La bonne mine de Dog Bill*, Tibet & Goscinny, 1959, 1981.
- *Spaghetti*, 11 volumes, Goscinny & Attanasio, 1961, 1999.
- *Strapontin*, 6 volumes, Goscinny & Berck, 1962, 1998.
- *Les Divagations de Monsieur Sait-Tout*, Goscinny & Martial, 1974.

Aux Éditions Denoël

- *Le Petit Nicolas*, 5 volumes, Sempé & Goscinny, 1960, 2001.

- *La Potachologie,* 2 volumes, Goscinny & Cabu, 1963.
- *Les Interludes,* Goscinny, 1966.

Aux Éditions Vents d'Ouest

- *Les Archives Goscinny,* 4 volumes, 1998.

Aux Éditions IMAV

- *Histoires inédites du Petit Nicolas,* 2 volumes, Goscinny et Sempé, 2004 et 2006.
- *Du Panthéon à Buenos Aires – Chroniques illustrées,* Goscinny, 2007

Jean-Jacques Sempé – Bibliographie

Aux Éditions Denoël

- *Rien n'est simple,* 1962.
- *Tout se complique,* 1963.
- *Sauve qui peut,* 1964.
- *Monsieur Lambert,* 1965.
- *La grande panique,* 1966, 1994.
- *Saint-Tropez,* 1968.
- *Information-consommation,* 1968.
- *Marcellin Caillou,* 1969, 1994.
- *Des hauts et des bas,* 1970, 2003.
- *Face à face,* 1972.
- *Bonjour, bonsoir,* 1974.
- *L'ascension sociale de Monsieur Lambert,* 1975.
- *Simple question d'équilibre,* 1977, 1992.
- *Un léger décalage,* 1977.
- *Les musiciens,* 1979, 1996.

- *Comme par hasard,* 1981.
- *De bon matin,* 1983.
- *Vaguement compétitif,* 1985.
- *Luxe, calme et volupté,* 1987.
- *Par avion,* 1989.
- *Vacances,* 1990.
- *Insondables mystères,* 1993.
- *Raoul Taburin,* 1995.
- *Grands rêves,* 1997.
- *Beau temps,* 1999.
- *Multiples intentions,* 2003.
- *Sentiments distingués,* 2007.

Aux Éditions Denoël/ Éditions Martine Gossieaux

- *Sempé à New York,* 2009.

Aux Éditions Gallimard

- *Catherine Certitude,* Sempé & Modiano, 1988.
- *L'histoire de Monsieur Sommer,* Sempé & Süskind, 1991.
- *Un peu de Paris,* 2001.
- *Un peu de la France,* 2005.

Avant la lecture

1. Décrivez l'illustration de la couverture.
2. 2009 est une année importante pour le Petit Nicolas. Recherchez sur Internet pourquoi.
3. Lisez les biographies de Goscinny et Sempé et nommez d'autres héros de Goscinny.

La galerie des personnages

1. Regardez les illustrations et décrivez les personnages sans lire les textes.
2. De qui s'agit-il ? Pouvez-vous reconnaître les copains de Nicolas ?
   a. *Je mange tout le temps.*
   b. *Je suis le premier de la classe.*
   c. *Je suis le dernier de la classe.*
   d. *J'aime me déguiser.*
   e. *Je suis très fort.*
3. Est-ce que la maîtresse est gentille ?
4. De qui se compose la famille de Nicolas ?
5. Mot croisé (p. 88).

Horizontalement

3 – C'est le chouchou de la maîtresse.
5 – Son papa est agent de police.
7 – C'est le surveillant de l'école.
9 – Il mange beaucoup.

Verticalement

C – Son papa est très riche.
G – C'est le héros du livre.

Pendant la lecture

Le chouette bol d'air

1. Essayez de dessiner un plan pour aller de la maison de Nicolas chez Monsieur Bongrain.
2. Quels sont les avantages et les inconvénients de la campagne pour les Bongrain ?
3. Vous êtes un des trois personnages de la famille Bongrain, M. Bongrain, Mme Bongrain, ou Corentin. Racontez votre journée à la campagne.
4. Commentez ce que dit M. Bongrain: « ... *Il ne faut pas être égoïste, mon vieux ! Pour la femme et le gosse, tu ne peux pas savoir le bien que ça leur fait, cette détente et ce bol d'air, tous les dimanches !* »
5. Est-ce que vous aimeriez avoir une maison de campagne ? Recherchez en groupe les avantages et les désavantages et faites-en la liste.

Les crayons de couleur

1. Cherchez dans le début du texte ce qui énerve la mère de Nicolas.
2. Pourquoi est-ce drôle de voir le père de Nicolas tomber à cause du crayon jaune ?
3. À vous de jouer ! Conjuguez vous aussi au futur et au passé composé: « *Je ne dois pas prendre prétexte des crayons de couleur pour interrompre le cours et semer le désordre dans la classe.* »
4. Inventez une autre anecdote où les crayons de Nicolas pourraient provoquer une nouvelle catastrophe.

La pluie

1. Expliquez pourquoi la pluie amuse Nicolas et ses copains.
2. Relevez dans le texte tout ce qui caractérise la maîtresse. Comment trouvez-vous son attitude ? Est-ce que vous agiriez comme elle si vous étiez à sa place ?
3. Pourquoi est-ce que personne n'a envie de s'asseoir à côté d'Agnan, sauf pendant les compositions ?
4. Que pensez-vous du directeur de l'école et de ses remarques ?
5. Pourquoi est-ce que la maîtresse a l'air embêtée quand le directeur défend aux enfants d'aller dans la cour ?
6. Quelles sont les différences entre l'ambiance de votre école et celle de l'école du petit Nicolas ?

Les athlètes

1. Expliquez pourquoi un terrain vague offre de bonnes possibilités de jeu.
2. Résumez les différentes épreuves d'athlétisme que les enfants proposent. Pourquoi est-ce que les épreuves ne marchent pas ?
3. Pourquoi est-ce que Clotaire aurait gagné de toute façon au jet de marteau ?
4. Comment l'histoire pourrait-elle finir ? Inventez la fin. (Par exemple une scène entre l'épicier et les enfants.)
5. Racontez un jeu que vous avez inventé avec des copains (jeu collectif ou farce par exemple).

Il faut être raisonnable

1. Décrivez l'attitude des parents vis-à-vis de Nicolas. Pourquoi ont-ils peur d'annoncer à Nicolas qu'il va aller en colonie de vacances ?
2. Pourquoi est-ce que Nicolas a peur quand on lui annonce qu'il est un grand garçon ?
3. Expliquez la réaction de Nicolas et les raisons de sa joie quand il apprend qu'il part en colonie.
4. Comment réagissent ses parents ? Pour quelles raisons ?
5. À votre avis, est-ce que Nicolas comprend vraiment les réactions de ses parents ? Expliquez l'effet comique.
6. Jeu de rôles : Imaginez que vous avez à annoncer une nouvelle désagréable, par exemple que vous ne voulez pas partir en vacances avec vos parents, ou que vous avez eu de mauvais résultats en classe. Comment faites-vous ? Notez les mots clés, choisissez un partenaire et jouez la scène à deux.

Le départ

1. Que pensez-vous du contenu de la valise de Nicolas ?
2. Qu'est-ce que vous emportez dans votre valise quand vous partez en vacances ? Notez ce qui vous semble le plus important.
3. Trouvez les phrases qui décrivent l'énervement des parents de Nicolas. Montrez qu'ils ne veulent pas s'énerver mais qu'ils ont le résultat contraire.
4. Racontez ce qui arrive à la valise de Nicolas du début à la fin de l'histoire.
5. Cherchez les passages du récit qui décrivent le monde des adultes vu par Nicolas.

6. Trouvez dans le récit les expressions qui montrent bien que c'est un enfant qui parle.
7. Quels sont les sentiments de Nicolas quand le train part ?
8. Travail d'équipe : Faites un sketch que vous pourrez jouer. Écrivez-le à partir des dialogues du récit : le père, la mère, l'employé de la gare, le monsieur à la pancarte, le chef d'équipe, la dame et... le Petit Nicolas. Amusez-vous bien !

Jeu de nuit

1. Mettez-vous à la place de Paulin et écrivez une lettre pour raconter le jeu de nuit de son point de vue.
2. Qu'est-ce qui est arrivé à M. Genou ?
3. À votre avis, pourquoi est-ce que le jeu de nuit n'a pas marché ?
4. Comment feriez-vous pour bien organiser un tel jeu ?
5. Avez-vous déjà fait un jeu de nuit ? Racontez !

Souvenirs de vacances

1. Décrivez la réaction des parents de Nicolas quand ils le retrouvent à la gare.
2. Pourquoi est-ce que Nicolas est content d'être rentré ?
3. Dites pourquoi il s'ennuie à la maison.
4. À votre avis, pourquoi est-ce que Nicolas raconte des blagues à Marie-Edwige ?
5. Relevez les passages où Nicolas se moque des filles. Montrez que Nicolas a des préjugés *(Vorurteile)*.
6. Imaginez ce que Marie-Edwige pourrait dire des garçons.

7. Est-ce que Nicolas dit la vérité à propos des vacances de Marie-Edwige: *« D'abord ça ne m'intéresse pas...* » ? Expliquez son attitude.

Après la lecture

Choisissez un des thèmes suivant pour écrire un texte :

1. Donnez votre opinion sur le livre.
2. Inventez une fin différente pour une des histoires.
3. Essayez de créer une histoire ressemblante.

Le gérondif

In dem Roman kommt eine weitere Verbform vor, die im Unterricht wahrscheinlich noch nicht behandelt worden ist und die es im Deutschen nicht gibt: das Gerundium (*le gérondif*).
Ihr sollt diese Form noch nicht aktiv beherrschen. Damit ihr sie im Text aber erkennt und versteht, findet ihr hier eine kurze Einführung.

1 Bildung des *gérondif*

Man nimmt die erste Person Plural Präsens, ersetzt die Endung *-ons* durch ***-ant*** und setzt die Präposition ***en*** davor.

Beispiele:

REGARDER	FINIR	ATTENDRE
nous regard-ons	nous finiss-ons	nous attend-ons
en regard-**ant**	**en** finiss-**ant**	**en** attend-**ant**

Es gibt nur drei Ausnahmen:
ÊTRE (en étant), AVOIR (en ayant) et SAVOIR (en sachant)

Das *gérondif* ist unveränderlich.

2 Gebrauch des *gérondif*

1 Tu ne sais pas ce qu'il a fait, ce matin, **en se levant** ? (p. 18, l. 4)
(= … *quand* il s'est levé…)
2 c'était Papa qui venait de tomber **en mettant** le pied sur mon crayon jaune (p. 29, l. 8)
(= … *au moment où* il mettait le pied…)
3 Papa a crié après Maman **en lui disant** qu'elle lui lisait mal les indications (p. 16, l. 11)
(= Papa a crié après Maman *de la façon suivante/ comme ça :* il lui a dit…)
4 **en arrivant** en avance, nous trouverons le quai vide (p. 51, l. 22)
(= … *si* nous arrivons en avance,…)

Mit dem *gérondif* kann man Sätze verkürzen.

Im Roman steht das *gérondif* in Sätzen,
- die die Gleichzeitigkeit von Ereignissen („während/als/und" → Beispiele 1 und 2),
- die Art und Weise eines Geschehens („indem" → Beispiel 3)
- oder eine Bedingung („wenn" → Beispiel 4) ausdrücken.

Wichtig: Es kann aber nur dann verwendet werden, wenn in Haupt- und Nebensatz *dasselbe Subjekt* steht bzw. gemeint ist.

Liste des abréviations

≠	antonyme de
→	mot de la même famille
°	après l'article, pas de liaison
[']	pas de liaison
etw	etwas
f	féminin
fam	familier
fpl	féminin pluriel
jdm	jemandem
jdn	jemanden
m	masculin
mpl	masculin pluriel
qc	quelque chose
qn	quelqu'un